Allitera Verlag

Augusta Laar
Katharina Ponnier
Alma Larsen
Barbara Yurtdaş

als ich Fisch war, ja als ich Fisch war

Gedichte

Allitera Verlag

Weitere Informationen über den Verlag und sein Programm unter:
www.allitera.de

Oktober 2014
Allitera Verlag
Ein Verlag der Buch&media GmbH, München
© 2014 Buch&media GmbH, München
Printed in Germany · ISBN 978-3-86906-685-1

VORWORT

Die vier Lyrikerinnen kennen sich durch ihre Zugehörigkeit zur Literaturgruppe der Gedok München, wo sie mit ihren Kolleginnen bisher drei Anthologien veröffentlicht haben.

Zu den Zyklen von Augusta Laar und Alma Larsen, deren geografischer Rahmen italienische Inseln bilden, kommen kontrastierend die beiden Gedichtsammlungen von Katharina Ponnier und Barbara Yurtdas, die teilweise ebenfalls in südlichen Gefilden angesiedelt sind.

Insel im übertragenen Sinn kann den geschärften Blick auf einen bestimmten Ort, ein besonderes Ereignis meinen; es bedeutet Eingeschlossensein vom Wasser, Konzentration auf dieses den emotionalen Bereich verkörpernde Element. Aber auch ein Aufbruch aus den festen Grenzen alltäglicher Wahrnehmung kann der Empfindlichkeit des Wässrigen entsprechen.

Poetische Situationen mit blauen Blicken wahrgenommen, verbindet die vier Dichterinnen trotz ihrer unverwechselbaren lyrischen Stimmen. Unter Wasser angeschaut verlieren Dinge ihre Kontur, um in der seelischen Wahrnehmung aufzutauchen als Heiterkeit, Schmerz oder Erinnerung, aber auch als blitzartiges Erkennen dessen, was sich dahinter verbirgt.

Augusta Laar

SARDISCHES TAGEBUCH

Ein Sommer

FÄHRE NACH

Golfo Aranci welt
empfänger auf deck
2 Cokes 2 strohhüte

stelzt sandalette lila
teppich bier & tinten
kleckse main lounge

tätowierte knöchel
parade müdes gelbes
meer zieht wind zieht

tütenquallen rüttelt
die füße schlafen
gelegt auf der brücke

mit gischt mützen am
horizont wird es hell
kein netz hier kinder

kicker mobile lagune
an bord kickt ein tüll
fuß auf tinten tableau

MEINE SCHUHE

7 paar schuhe
dabei und alle
sind wichtig 1
paar für zuhause
1 paar für fels
ritzen 1 paar für
treibsand 1 paar
für asphalt 1 paar
für singen und
springen 1 paar
für stöckeln 1 paar
für gleiten über
wasser mit dir

DIE FARBEN DIE

farben der blaue
stuhl im sand die
abendröte über
Porto Taverna das
türkisblaue meer
das rosatürkisblaue
meer das grüntürkis
violettblaue meer
wie es rosa rosa
gesprenkeltes
wie es

AUTOS & GRILLEN

wer lauter ist hört
mich rollt blätter am
boden lässt hunde

bellen gegen den
wind bläst wellen im
kaktusbaum pitcht

autos von der super
strada staubige licht
scharten sturmtaucher

wolfsmilch gequirl
quietscht im oliven
hain klirrt geranien

rote punkte wirbelt
müllwagen hupt schafe
klingelt zischt grillt

DAS GEHEIMNIS

hat flügel es
schwirrt in der
brust fipsige fleder
maus nachts sitzt es
unter der zimmer
decke nachts liegt
es wach mit großen
augen nachts plündert
es den kühlschrank
nachts kreischt es
geht in der macchia
spazieren gleitet
auf dem wasser
schwebt

DA UGO I

boote und
schirme boote und
schirme die bar
ist geöffnet nachts
das meer eine samt
braune fläche die
band alte junkies
aus Little Italy spricht
die gitarre am Stangno
di Porto die hirten
flöten das stein
weiche bett das
ich liebte

PORTO TAVERNA I

das winzige händchen
aus der schale gestreckt
atmet unter wasser die
muschel spielt toter mann
ein feuerzeug baumelt
um ihren muschelhals

PORTO TAVERNA II

am ende des meeres
fährt ein schiff vorbei
seh ich dich tauchen
am ende des himmels
kleine meerjungfrau
mit fliegendem haar

HEUTE DIE TAUCHERBRILLE

zum beispiel
auf rotem fels
ihr plastik
band flattert in
Cala Brandichi
die augen des
steins geblitzt
nach innen
auf den grund

FEENGRAB

so eine erscheinung
mit langem grauen haar
auf der straße zum
friedhof flötet sie: bist
du glücklich? innen
aus stein außen weiß &
glatt *ja ja ja* ich bin es
breitbeinige fee mit
verwegener kappe
war hier auf dem weg
nach Santa Giusta

MONTIPITROSU

einbahn wo vorher
keine war pizza
wo vorher metzger
war bar wo
vorher nichts
war teer
strasse wo ich
ging mit dir
hotels auf
unserem platz
ich ohne dich
du ohne mich
wir ohne uns

TAVOLARA I
(Punta Cannone)

ein berg den
niemand kennt
ist ja nicht echt
nur ein aquarell
nur im kopf
zirpen die grillen
nur im kopf
kochen die eier am
herd nur im kopf
gehe ich hand
in hand mit dir
am strand

DA UGO II

spült das meer was
an oder nicht in Ugos
Bar gibt es wieder
Jazz am abend wir
warten auf pasta
mit wasser und
wind gehen leute
kommen am schönsten
am besten ich seh
dir zu ich höre deine
wimpern am rand
einer welle

TAVOLARA II

schlägt an klippen
klopft und scharrt
das meer so viele
boote yachten kutter
königsgräber wind
gespleißte seile unter
wasser die schäfer
prinzen mit pizzeria
& Nato längstwellen
sender rostrote fische
versunkene frachter
sperrgebietsbezirk -
ich könnte dir zeigen
wie das wasser trägt
ich könnte dir zeigen
wie ich dich trage

CALA FINA

als ich schön
war ja als ich
schön war

als ich jung
war ja als ich
jung war

als ich vogel
war ja als ich
vogel war

den booten zusah
den segeln dem
berg und den wellen

als ich fisch
war ja als ich
fisch war

als ich wind
war ja als ich
wind war

sah ich
dich ja als ich
dich sah

PRÉNATAL II

Via Ponte Olbia an
der ecke das kinder
geschäft abgeblättert
der glanz der frühen
tage die teuren sachen
jetzt ruhen sie unter
der erde im feengrab
mit dir ging Prénatal
einen stock in die tiefe
leuchtet helles grün
maman je t´aime die
fasern aufgeblüht
die kleinen grünen
blüten

CUOR DI SARDEGNA

Gran Sardo schäfer blut
fehden gebirgskämme
& falscher käse aus dem
Osten Benetton weide
land pflastern mit beton
Formel 1 & milliardärs
club in Porto Cervo für
das alte stehen sagen sie
vendetta und töten sich
gegenseitig traditionell

WIND FÄHRT

wein
ranke bewegt
schatten der wein
ranke bewegt
schatten von gräsern
gespenstern wipp
füßen komm windiges
kind langweile dich
wind fährt lange
weile fährt
wind

ES WIRD NACHT
IN PORTO TAVERNA

boote große
weiße tiere
werfen lange
schatten bis
vor den bug
blaue winschen
schoten fallen
piraten köpfe
dort hinten im
wasser mehr
vertrauen sagst
du *the island*
spreads it's wings
ob ich dann
fliege

TAVOLARA III

umspült umfahren
umträumt umwaldet
umzingelt oben drauf
gebaut reckt sich
zum himmel oder
der himmel beugt
sich herunter aber
ich bin hier und
sehe die Tavolara
mit deinen augen

SPIELST

auf der piazza
heute
ich

seh dich spielen
immer
gleich du

und ich
dieselbe spiel
uhr du

bleibst nicht
nur ich
du

fliegst weiter

spielst

MORD IN LOIRI

der jäger Domenico
lag auf dem bauch von
hinten erschossen lag
er in seinem blut keine
feinde heißt es er hatte
keine depressionen er
war beliebt wir kannten
ihn von kindheit an er
war immer mit dabei

CAPO TESTA

im gigantengrab
saust sie nackt mit
hut und schaufel
läuft hin und her
in der mondbucht
stakst flamingos
brütet seeschwalben
säbelschnäbler rot
schenkel waldbrand
gefahr auf der halb
insel Fiat 500 treff
in Porto Rotondo
die schönsten bade
felsen für elefanten
hat sie gesehen die
weitesten zugvogel
strecken kennt sie
inwendig im berg
land weiter oben
lebt sie mit schafen

MÖWEN

zwei auf zwei felsen
im meer berge zwei
unter dem himmel
füße zwei unter mir
wellen wellen wellen

SANTA GIUSTA

im land der Nuraghen
gabs bittersüße früchte
mastix ginster zistrose
opuntien und ginepro
es war alles so richtig

die strassen aus staub
die schafe aus milch
die fischer aus blut
die boote aus wolken
die gräber aus wind

die könige lagen hier
die schlangen krochen
hier die berge rochen
nach myrte das alles
ist lange vorbei meine

kleine freche katze zeigt
ihre krallen tollkühne
hexe mit rallye streifen
auf bäumen fährt sie putzt
rote rüben mir zuliebe

FÄHRST

mit schiffen am
horizont stehst auf
wolken tanzt auf
mondstrahlen sonnst
dich über den sternen
flimmerst aus der
milchstraße willst
alle und alles ein
verzückter satellit
auf sendung

THE LAST DAYS OF

Shelley & Byron vom
Scirocco in Porto San
Paolo mit kopfweh im
internetcafé an der SS
125 Orientale Sarda schon
lange vorbei das bild von
Shelley's verbrennung
am strand von La Spezia
mit Trelawney und Hunt
schon lange vorbei mit
fischen nackt am felsen
das foto von mir mit dir

STELLA MARIS

warst du da
als ich alleine mit
wind im rücken
warst du da
als ich dir
nicht wind in
den rücken warst
du da als ich
dir nicht
warst du da als
ich dir sagte
komm komm
mit dem wind
mit dem rücken
warst du da

DER DELPHINBRUNNEN

abgebrochen der
delphin in den
armen liegend
abgebrochen im
venusmuschel
becken die
blinden augen
um die ecke den
delphin zeigen
den abgebrochenen

GEHST DU MIT MIR

auf den berg
gehst du mit mir
ins meer gehst du
mit mir ins gras
gehst du mit mir
ins bett gehst du
mit mir ins grab
gehst du mit mir

Katharina Ponnier

DAS AUGE GENAU VERLOREN

Innenblicke blau

Maienvogel
du singst noch nicht
im Faradayschen Käfig
sitzt noch im Flieder
in Gesangsfrequenzen
im Duft der freien Vögel

dein Herz flimmert nicht
im Kunstlicht
und bist mit dem Gesang
von Tod und Liebe
und dem Frühling
noch nicht ins fahle Netz geflogen

das Händler und
die eifrigen Minister
allen Nachtigallen
ums Lebendige zu fangen
stellen

IN MEINER SCHÖNSTEN LANDSCHAFT

Mein heißt
diese wirren Wege
sind öffentlich

Mohnblumen siehst du
rot leuchten sie aus Kraut,
auch ein Revier für
Kletten, Schnecken und
Undeutlichkeit

das liebtest du nicht
keine Schnecken, Kletten
zugewachsene Beete von Giersch
du forderst Ordnung
Übersicht gangbaren Weg
so stolperst ins Gebüsch

wo meine Ordnung anfängt
ist Dunkel: Brennessel
Estragon, Spinnen
Maiglöckchen aus Kuckucksruf
und eine Falle

in die du fällst
im Garten des geheimen
Geflüsters der Falterschläge
der Knoblauchfreiheit und der
Unzumutbarkeit

zwischen Melisse und Waldmeister
liegt deine Trockenheit
auf Schnecken ausgeglitten
im Stachelverhau denn

unbewehrt ist dieser Garten nicht
eine Gabe Maiglöckchenduft
kann tödlich sein
Kreuzspinnen nahen, Efeu und der
Waldmeister stürzt in Nebel
Rosen erfroren

es war zu kalt
dieses Jahr erfror ich auch
beinahe an Hand und Fuß zur
Hilfe eilen fällt schwer
verschließen sollte sich das Paradies
darin verkommst
und wirst entsorgt doch

der Fuchs in seinem Revier
will nichts verloren wissen
und lässt leuchten: die Spinnen
bevor sie stechen
tragen dich hinaus
im Tiefschlaf wurdest leicht
er holt dich heraus

SPÄTER AUFBRUCH

Mutterlos ziehe ich
durch Herbst-Ähren
über die Grenze

überquere
ängstliche Erwartung,
Botendienste aller Art

dehne mich
strecke mich
auf freundlich würzigen Boden

im Überqueren
ausladend hingesetzt
umjubelt im Hören

zahlloser Vögel
ausgedehnte Haut
in Neugier gewölbt.

Angst,
du bist da
schon da

ja, ich fahre
durch Angstschwaden
duftende Tannennadeln
modriges Holz

Ich dachte sie stirbt
Katze mit dem abgerissenen Ohr
so viel an ihr ist krank

graue Streifen abgehaart
Auge fließt aus
Schwanz zum Großteil
abgebissen

magert vorbei
unfassbar still
verloren an den Verlust
von Präsenz

verloren ans Vergessen
den Fluss des Abgrunds
den grauen Geistern
Land der Zwerge
hingegeben

seit Tag und Stunde
bewachen beflüstern
verfaulten Baumstamm
im feuchten Moder sie

ein Andauerndes
glättet das Fell
Jahre entlang
verkürzt
verschmalt
vernarbt

den Weg
vom Haus zum Strauch
zum Holzstoß
in der Sonne liegt
fraglos auf
dem höchsten Punkt

Es betrauern die Weiden
den Menschen
über den Tasten
der Hollerbusch ist auch
schon traurig mit
dem freudlos geprügelten
und seinem grauen Plan
Vorhang aus
Demenz
hinter dem
Je länger Je lieber
Hummeln betanken
und er kennt sie nicht

METAMORPHOSE

Selig taumelnd Schmetterling
umtanzt den Stamm
ein Blatt
erinnert sich der Puppe Qual
als sie die Made
überwand
in zauberbunten Farben flattert er
nur in der Mitte, kleiner Turm,
erkennt man den
gefräßigen Wurm

Aus Einzelheiten
wie Blumen und Blättern
Rinnsalen,
in der Dämmerung huschenden Kröten,
Überschwemmung,
Vertrocknung
Verwelkung
setzt sich mein Leben zusammen

aus dem Schatten trete ich
bestückt mit Narben
und liefere das Flickwerk der Schmerzen

ich bin die gekränkte Kastanie
der ausgetrocknete Fluß
das fremdbestückte Tal,
der Berg
die Nacht
die Wüste, ich warte
auf Dämmerung

im Nebel verschwamm ich
niemand sah
die Einzelheit meiner Gestalt
aus kläglichen Rissen
trat kaum eine Träne

aber jede Stelle weint und
sehnt sich nach Klarheit
nach Heilung
und Sorgfalt

DIE SÜMPFE IM VENETO

sind nicht leer
nur die Gutshäuser

es tanzt Hitze
im Grillengesang

der Kanal ist arm
die Rose ohne Krise
brennt den Mittag

die Hitze schreit
den dringlichen Gewalten
holt sie nichts

der Tiefengrund im Wasser
ist alt und Geist der sieht
hält die Distanz

ELLERA

In der Mittagshitze

läuft nichts schwer am Erdboden

sondern ist Flimmern über dem rufenden Hahn

hell und leicht gehoben

in der Hülle eines hohen Engels

von dunklem Ton

DREI TAGE RUHE

zwischen den Gewalten
die sich um dich niederlassen
ihre Köpfe: Löwenköpfe
der Blick muss steigen
öffnet eine Himmelstür:
sie ist entschlossen

vor der Türe
Bücher Disziplinen
dahinter: klarer Weg zum Horizont
eines Meers Distanz
seine Wärme Nässe Liebe
in den Leib des Hahns
geschrieben sein Verrat

wird er ein großes Tier
das seinen Herrn mit drei mal Krähn begleitet,
und die Löwen die geduldig warten
mich zu Tode hetzen wollen seh ich auch
den Himmel offen
und den weiten Weg zum Horizont
In den scharfen Zähnen

tragen sie Verrat: der war es schon
der kleine Schritt stieß dich hinab
du fielest endlos ab
eine Schwerkraft fühlst du die dich peitscht
Gewaltversammlung ganz speziell für dich
gegen diese Macht gibt es nur
Ohnmacht, da du treibst, gepeitscht wirst, fällst

ich schaue meinem Löwen
in sein Auge, befasse seine warmen Knochen
und ich frage: heißt du Gier, Angst
oder Mut? Und er sagt: nicht Gier, nicht Mut
ich heiße Angst

niemals gehst zugrunde
der Himmel ist entschlossen: horch
wenn du gehorcht hast: geh

ES GÄBE NICHTS ZU SAGEN

zur Mohnblume
dem Lavendeltopf
dem grünen Berghang
der dunklen Wolke
ohne das blaue Loch
mit dem Himmel

faserleichter Schleier
offen durch Zuruf des
Nussbaums: Sei heiter
Mohn und Mensch
Sorge Schuld und Zumutung sei
kein Schlangenbiss im freien Feld

DIE WELLE WILL

sich keine Beute holen
sie ist sanft
oder zornig
hingegeben an
die Bedeutung des Tages
sanft zu Füßen von Cecilia
sanft zu Federico
der sie mit Steinen bewirft

der Nebel
wirft Sturm auf
will dass die Welle
aufbäumt hochschäumt
vernichtet
der Mond will es auch

die Sanftheit ist
vollbracht
das Unterste
zeigt sich oben
gespaltene Zähne sind sichtbar
tödlich gelangweilt
aber bissbereit stets

den Schatz bringst
nicht nach Haus übers Meer
willst abziehen
aus Rhythmen von Ebbe und Flut
zu Bergen willst bergen

in gelbem Schwefelschein
im Dämmersein
in Pelzen von Betäubung sind
Gewalten durchgestanden
verstanden etwa – überstanden?

es neigt die Welle sich
noch einmal warm
und lieblich
zu Federicos Füßen, Cecilias ...

An die Passegiata Degli Artisti
wo mit Mosaiksteinchen
große Künstler einen Weg prägten
stellen sie jetzt Bilder und Skulpturen
auch nicht so großer Künstler

vorn unter der Brücke
wo der Fluss ins Meer trocknet
sitzt der Reiher auf dem Stein
fängt die besten Happen

der Fischer auf dem Riff
betrachtet lange den Mond
die Möwen daneben lachen

Hier
unter dem strengen Blick des *padrone*
wächst noch ein meerschaumgekrönter
Jüngling, fast blond, mit mondenförmig
scheuen Augen
gleich einer Jungfrau heran
an dessen Schmelz nicht einmal
das Gitter seiner Zahnspange
rüttelt
er bringt zu unserem Tisch
Fisch, Brot und Wein

So rot
Duften nur Rosen
So luxuriös im Blattlabyrinth
So unmittelbar und nah

Alles verstummt
Auch alles was tobt
Du trittst in meinen Duft
Meinen Arm
Meinen Horizont

Dies Schiff fährt ganz von fern
Zu dir
Und dieser Atem sei
Für dein trauriges Herz
Warm

SOMMER

Hinter den See
hinter den Berg
hinter den Wegwartenstaub
bist du gelassen
Blütensporen
an schwarzen Himmel blau
das Auge genau
verloren

die Erfüllung könnte ich beklagen
denn an der Grenze der Erscheinung
teilt sich der Himmel zum Gesicht
alle süßen Früchte nahen
erreichen es nicht

Als im Tal
der Kuckuck stumm war
spielte er noch Echo mit
den Höhen sie
gaukelten mit
Tannengrün
glitten die Hügel herab
und hinauf
in sanfte Moosecken
voll Vergiss mein nicht -
schwiegen still

BERG

Zeichen
von Furcht
Ehrfurcht
dunkle Höhe
helle Tiefe
Meister

aus Meerestiefe
Meister
erschrick
machtvoll
am Himmelssaum

finde
gegen über
Wille, Angst
gewusst und ungewusst

sei Rat
Rätsel
Feind
sei nah
sei himmelhoch
Freund

Das Gras am Hang hört
den Doppelruf des Kuckucks, spürt
den Regen niederrauschen, neigt
sich dem Abend entgegen

Schuld und Hypothek
kennt es nicht
nicht Freundesverrat und
was folgt auf Erfolg

vom Eis
niedergedrückt neigt es
sich ins Dunkel

dann aus der Morgenkälte
löst sich
herauf ins Gold
seine unvergleichliche Freiheit

NYMPHENBURG

Warum so himmelhoch
am Kanal
Blumen folgsam und
im Dickicht des Gebüschs
undurchschaubar Pavillone und
Palmenhausluft schwüler
Revoluzzerspatzen frecher
picken Krümel in den Rosengärten?
weil in dem Schloss
ein König ungekrönt
vielleicht?
und in der Ferne, fast im
All ach
die geahnte Wurzel
Himmel
eine schöne Blutsburg
hütet
das Geschick

ENTFALTUNG

Nicht direkten Wegs
doch nach der Wärme
fliegt der Falter
begattet Wasser mit Erde
und Luft
im Quartett
unter seinen Flügeln
fliegt mit warmen Füßen
Hand in Hand

SFERA

Die Welt ist erkämpft,
wenn auch nicht untertan
Sfera heißt Kugel
wolln wir sie untertun?
untertreiben unter Beginne
von Gorillen, die womöglich noch
Ahnung hatten von Sphäre
licht oder leicht umkränzt
über dem Sand Horizont
guten Morgen mein Engel

guten Morgen euch
Mutter, Ahnen
Gestorbene, Geliebte
dunkler schöner Ungenannter
der meinen Kopf
unter dem Gefieder duldet und der
Schwere durch mein Auge
zu verwandeln weiß.

buon giorno Maria, ciao
ganz allein,
mit dem Kind auf dem Sand
traurig, was hütest du,
selbst unbehütet, heraus
aus der Sphäre gefallen

dunkle Wolken am Himmel
und hat ein Schiff das nötig
sich peu à peu in den Horizonth
zu setzen der dort Vorhang
zwischen Nicht- und Wohlwissen,
weggeschnitten fällt
dem Orbis in ein lichtes Feld
von Wundern:

sieh den Hahn auf dem Teller
der nicht zum Verrat kräht
auch nicht geschlachtet
und gegessen sondern gemalt
ist verschenkt –
amabilmente donato

tief das Blau
im Meer – der Blick
des avvocato als er von der
»umiliata« spricht, der Frau bei Napoli
erniedrigt, beleidigt,
wir missverstehen »umanità«
nicken noch freundlich
vor dem schluchzenden Lachen
verzerrten Gesicht des
amputierten avvocato -
will gekreuzigt nicht sagen -
de profundis
wir fassen es nicht,
erhöht mit ihm
auf dem Steinchen -
Sassello: Italien

auf dem Gramschatz
aus Grund unter Grund
spinnen Sonnen Geflecht
Sand auf Meer blasen wir
wer hell Gestalten im Gesicht
dem aufgesuchten Horizont erscheinen dem
teilt Geröll öffnet Explosionen strömt
aus Grund über Grund
verschwand es all
setzt starken zarten Fuß

*amabilmente donato= liebenswürdig verschenkt
*umiliata=die Gedemütigte
*Sassello= Steinchen, Stadt in Ligurien

KEPLER

Ich dachte viel
um Wärme Ferne Sand
die mich zum Weinen
Loben brachten
großer Gott wie warst du schön
die Sterne sprangen in Musik

sollte meine Mutter
eine Hexe sein
brennen sollte sie
ich sah es lichterloh:
ein Stern verglüht
es war mein Herz

ich schaue scharf und
lasse eure Dunkelheit nicht gehn
ihr liebtet nebelfeucht
und falsch und Gottesglaube
peitschte aus ich habe den
vielleicht nicht mehr
vielleicht nur schon
vielleicht im Traum

AUFBRUCH

Hast du mich gerufen?
Ich dachte, ich schlafe
Alte Last betäubte mich
Dich, Himmelshöhe,
Hatte ich augenblicksweise vergessen
Ich glaubte, ich schliefe im Schilf.
Riefst du mich?
Halme zerschnitten mein Fleisch
Ich dachte, ich bade im eigenen Blut

Ich springe über den Bach
er sieht mich als Reh
er läutet die Glocken
ich fange den Ton
er zittert und schweigt
ich heiße Liebe

magisch sein Griff
Feuer im Kamin
sein Eifer fängt
mich und besitzt:
mein Lachen ist Tod

DAS NACHTAUGE

öffnet zögernd sein Lid
durch Schlafwand
kleiner geflügelter Engel
folge ich dir
von der verdunkelten Erde
weg
hebe aus Brustschwere den Gang
und draußen tasten wir die Wahrheit ab
geheim interessierte Augenpaare tragen
je tiefer ich zu stürzen wagte tags
so offenbarer den Nachtblick
hinein in Dämmerung
eines Morgens von einst.

Da, die Landschaft mit
den Äckern mit den Winden
die sich um den alten
Drahtrost schlingen vor den
Gärten voll Gemüse
mit den Resten von Gebüsch
an der letzten
Biegung des geraden Bachs

hättest du geahnt
wie rote Fäden
zu den Händen eilen
unter Rußquadraten vor dem Himmel,
Gräser und Gewässer
selbst den Schmutzwurm Straße
übergleiten zu den Händen
in das Trauerauge
beim Fall
aus blumenleuchtender Schöpfung
in Infrastruktur?

wie rote Fäden schmiegen
sich schmiegen
in offen stehende Augen
in die Schwermut
sich legen zu Händen
webenden Händen
zu einem Fäden spinnenden Herz
das tafelt mitten im Raum?

Staunen erriechen
Beine setzen ins Wunder
was sollen die Kinder
in der Quelle
der Wasserschale
Sonnenstrahl versank
der Vogel ist so fremd
oder ich?
von Maus und Blume komme ich
du bist nicht da
und wer ist wer
ich weiß doch alles
nur nicht dich
vom Regal gefallen
vom Himmel ins Gras – ich

hier sein
zur Mutter, die Hex
ach tief
will meine Träne herab
und hinauf – nachts

wolln wir von der Erde
Jagen, Töten
Triumphieren und Fallen?
zurück im großen Grund
gelöst dann
gelebt warum
verstanden
ein Wort?

Wenn der Tod
hinterm Bullauge
den Geräteschrank zeigt
Schlauch, Brechstange und
den fahrbaren Sarg
blitzt Skalpell und Sense
hinterrücks

unter der Planke gluckert der Feind
von Jenseits schaut der Mond
der Wald steht schwarz und schweigt
ich seh die Sterne nicht

dunkles Wesen
du ziehst mich an
und ziehst mich raus
aus dem Gebein
in Nacht

über dem Wellengitter
lieg ich
auf deinem Flügelfell

begegne wieder meiner Wacht:
so sprich mit mir in jener Sprache
hoher Engel
meiner Nacht

Alma Larsen

AUSFLUG MIT EINHORN

Ein Tag auf der Isola Bella

NICHT REGEN BRINGT SEGEN

willkommen am markt! hin und herfahren
abstellen
anschauen
ausziehen
zulächeln
abzocken, auf und zu die schuhe
die jacken und gürtel das geld,
das auto ist vermutlich abgeschleppt
wenn mittags der zauber verflogen
die tüten das bild dominieren wenn
länger die schlangen vor tramezzino
ständen, wo kleine asiatinnen
mit flinken fingern die brothälften füllen
wo nur die kinder noch augen haben
für eine weiße figur
die sich nicht regt
ihr ausgestreckter zeigefinger
weist vielleicht
zu der insel
unserem
ziel

PAAR – WEISE

untrennbar zu lebenslang verurteilt
sind Paare angetreten zum appell

poliert für einen auftritt auf dem markt
sortiert nach glanzvoll oder maskulin

sind high-heals eher selten vera pelle
der trend regiert und nicht die qualität

die frage nach dem preis verbietet sich
was zählt: der kurze augenblick des glücks

die liebe zwischen fuß und schuh vergeht
wenn nach dem ersten tanz die ferse drückt

STERNE GREIFEN

wir sind die stars für einen heißen sonnentag
in einer andern welt, wir sind die hauptdarsteller
der film beginnt im paradies, steht im vertrag
als traumkulisse für ein Paar das sich nicht kennt

touristen wie statisten laufen durch das bild
ob sie begreifen dass sie nebenrollen spielen?
in diesem drehbuch ist gerade platz für zwei
ist das der grund warum wir uns erlesen fühlen

und glauben, dass der blick des regisseurs allein
auf uns fiel, weil wir etwas strahlendes verbreiten
wir lieben spiele und wir wollen uns nicht streiten
wir spielen liebe, aber erst bei mondenschein

alles liegt bereit
netze angeln und köder
wir auf der lauer

THEATERDONNER

ringsum wasser und wir
vom alltag abgeschnittene laien
darsteller in der kulisse einer gewaltigen
welle aus schwarzem basalt mit logen
plätzen in muscheln zwischen den ehren
gästen in Herrn Borromeos* garten

hier prallen geister, gaffer und
geleerte unter den hufen des einhorns
aufeinander – während die erfahrenen
gelassen auf das klingelzeichen warten
zücken andere ihre geräte schuss
bereit in ausgestreckten händen

Neptun und Amor mit ihren waffen
und einer schar fäuste schwingender
buben scheinen zu wissen dass feinde
ungerüstet einfach zu besiegen sind
mit blumen, düften, bogengängen
und den gesängen zur lyra

ISOLA BELLA

vielleicht eine reizvolle
schöne in ihrer zeit: Isabella*
als einer beschloss, ihr die insel
zu widmen und durchqueren
ihren zauber auf angelegten
wegen vorbei an betörenden
düften den park erobern und
genießen bis an die tore des
schlosses eine künstliche welt:
einerlei ob außen ob innen
investitionen illusionen von
bestechender schönheit

reisen im körper
beschweren sich die beine
fallen augen zu

TRAUM TANZEN

um mitternacht bewegen steine heimlich ihre masse
sind moleküle auf der suche schöner Immortellen
verändern sie sich unsichtbar im walzertakt zweidrei

auf wankelmütige schießt Amor präparierte pfeile
wer ihre flugbahn quert, fühlt sich sogleich als Casanova
an solchen tagen hält sich jeder für unwiderstehlich

gefährlich ist es schutzlos einen inseltraum zu suchen
und hoffen dass man unbeschadet seine schönheit lebe
ihm nicht verfalle ganz, den arabesken und dekors

FARBENSPIEL

pfauen mit geschlossenen augen
wie vom mondlicht übergossen
haben ihre farben ausgelöscht
ihr blau türkis und grün

sie stehen weiß auf der wiese
mit den geschlossenen augen
zur sonne gerichtet erscheint
ihr ebenbild auf der netzhaut
in rot orange und gelb

in zwischenräumen
funkelt der unbedingte
kern des erlebens

FAVOLA

eine frage führt ihn
zu der insel wiederholt
und stellt der nächsten
frau die gleiche frage
nach dem EINHORN
ihrer fantasie

kann sie lesen hinter
allem was ihm nachgesagt
dem fabelwesen werden
pferde hirsche rinder
und der schwanz des
löwen angedichtet

hoffentlich nennt sie ihn
nicht *mein hase*
als er an der brüstung
steht und wartet
unter seinem ebenbild
aus stein

die form der beiden rücken
ähnlich ob er spürt
den knaben auf dem pfeiler
der das einhorn hält
hoch über seiner stirn:
die gleiche frage

AUFSICHT

hier sind festgelegt:
vier französische beete
mit gestutzten hecken
seerosenteich
eingezäunt von weißen
kiesbestreuten wegen
die den garten gliedern:
rechtwinkelreich

drei engel kontrollieren das bild von oben
sollten sie es übersehen haben, dass eine
der beiden kegelförmig gestutzten eiben
anstatt die ecken des parks zu bewachen
sich wilden stürmen hingegeben hat?

gestreifte kissen
vor sinnlicher kulisse
eine bildstörung

AUSSICHT

friedlich vereint die dinge auf diesem platz
umschlossen von steinen und nur ein kleiner
blick in den himmel ist offen als wäre es klar
hier muss niemand wachsam bleiben

das kopfsteinpflaster und die schuhe
stoffdecken auf plastiktischchen
fahnen mit dem sonnenschirm
kübelpflanzen : zigarettenstummel

selbst eingeborene und ihre gäste
inklusiv der dinge die sie tauschen
verstehen sich und alle sind zufrieden

GEHEIME BOTSCHAFT DER DINGE

noch gibt es kein *wir*
auf der terrasse des cafés
an diesem tisch alles doppelt:
hier zwei fotoapparate
dort zwei börsen und
zwei gläser sprizz
mit abgeknickten plastikröhrchen
deren schatten nach den mündern
schielen, weil sie hoffen
dass sich zwei gesichter nähern
angezogen vom verlockenden orange
damit sie endlich
sich berühren dürfen
und im einklang
mit der nummer drei des tisches
aus dem *ich* und *ich*
ein *wir* entsteht

die automatik
von vertrautem geplänkel
beginnt im gesicht

WASSER ZAUN UND WEG

die grenze zwischen wasser und insel
markiert mit einem eisernen gitter:
gewundene spiralen und wellen
dazwischen erkennbare formen
das schloss ein fisch ein schwan
das einhorn taucht schon wieder auf
es wächst dem vater übern kopf
denn seine beiden prinzessinnen
sitzen nicht so wie er sie fixiert
analog dem aufwand der reise

sie verdecken das schloss und ziehen
finstere mienen sie tragen sandalen
mit klettverschluss für gläserne schuhe
noch nicht bereit, der schwan ist wohl
beleidigt er schwimmt aus dem bild

BERÜHRUNGSPUNKT

was zeichnet ein bild aus? die auswahl des malers der etwas abbildet was ihm gefällt oder dem er verfallen: den blauen augen umschlossen vom blond ins gesicht gefallener haare an einem sonnigen tag aus den augen gestrichen das lachen das streicheln ein erster kuss, und es braucht noch mehr blau auf dem bild an der wand eines gelben hauses auf dem das wasser steigt und beinah überschwemmt es eine hübsche blonde mit blauen augen die isst gerade ein eis doch das ist ein anderes bild

reisen im geist ein
risiko wie lang wie weit
zu zweit ob das geht

orNAMENte

mit einer andern art von pfeilen
auf uns schießen
schön verziert sind bogen
die es hier zu kaufen gibt
uns treffen schnitzer
leute schauen zu
man trifft sich oft hier auf der bank
wo nebenan die waffen hängen
denn man kennt sich gut

wir beide kennen uns nicht aus
und üben noch
den richtigen gebrauch
von pfeil und bogen
sind berührt von ihrer schnitzerei
so wie vom schmerz der wörter

KONSTRUKTIV

als wir das schloss betreten
eingeschlossen sind in unsere gehirne
wo sich kaum vergleichbare synapsen finden
denn wir fangen gerade an
uns zu entdecken
sorgsam hier und da ein stück
verschalung freizulegen
haut und tieferes
probieren wir diskret genug,
damit das bauwerk einen grund bekommt
der unser luftschloss wirklich trägt
falls wir es je bewohnen

ein auftritt gelingt
wenn vorher der innere
hügel erklommen

HAUTSACHE

bäuchlings hingestreckt:
der faltenwurf des lakens
so wie ihre hand im haar
verweisen auf den leichten schlaf
der marmorkühlen Venus,
niemand der sie stören könnte
in der nähe wir auf zehenspitzen
wollen sie nicht wecken
würden aber gerne unsre hände
über ihren makellosen körper
gleiten lassen statt der blicke
auf ein mosaik, das formen
zeigt im inneren des leibes
die geschützt durch ihre lage
vor den eindringlichen augen
der verehrer, deren temperatur
sich von der ihren lebhaft
unterscheidet

VENUS VON HINTEN

entzückt
verrückt
wen hatte sie zuletzt
empfangen war es ausdruck
einer warmen hand
des steinbildhauers
letzter feiner schliff –
kein härchen krümmt sich
auf opaker haut

verzückt
entrückt
im ewigen dornröschenschlaf
was hat sie zu verbergen
eine blinddarmnarbe
unrasierte scham
sind ihre brüste nicht mehr
zeitgemäß will er sie
nicht entdecken?

ihr blick
bedeckt
vielleicht ist das modell
verschwunden
als es an den mund ging:
starke lippen über männlich
ausgeprägtem kinn –
entstanden ist die fantasie
im auge des betrachters

das leintuch aus stein
besorgt den rausch der sinne
mit seinen falten

LUFT & LIEBE

hinter einer reihe
unscheinbarer türen
kündigt sich was an
vermutlich ist es kunst

das lassen handgemalte
namensschilder ahnen,
als sie öffnen will
versagt der griff den dienst

vielleicht ist mittagspause
kein künstler lebt von luft
allein, so bleiben hunger
und neugier ungestillt

die tür zur kunst
wie die zur liebe
sind sie nur ein bild?

ABSCHÄTZEN

alles wird betrachtet und gemessen
mit dem zweiten blick: lässt es sich teilen
schmückt es die versucherin wirft glanz
damit er sie erkennt als die sie gerne wäre:
schatz, der etwas einzutauschen hat
für die geballte pracht der insel wie der
freude die er als entdecker präsentiert

welche werte zählen, messen beide mit
der gleichen skala selbst vergessend
nach dem ziel zu fragen: gibt es etwas
das die wärme dieses tages, eines
händedrucks, den abend überlebt?

sonne im zimmer
seitdem das fenster offen
erscheint auch die nacht

IM NETZ

wer spinnt die fäden zwischen blicken
zwischen einem lächeln und dem andern
feinste fäden die nichts halten müssen

weder knopf noch irgendein versprechen
wo entsteht berührte übereinkunft
dient die haut als eine leinwand oder

spielen wir im kopf sekundenkino
müssen sich dazu die bilder kreuzen?
gehen sie ein stück weit hand in hand?

verlassen das schloss
die schaumgekrönten wellen
überschlagen sich

* Herzog Karl III Borromeo begründete im 17. Jh. die Gestaltung der Isola Bella; 1632 wurde mit dem Bau des Palastes und der Gärten begonnen.
* Isabella d'Adda, Ehefrau Karls, nach ihr wurde die Insel zunächst benannt.

Barbara Yurtdaş

IN DEN WEINBERGEN VON NIĞDE

Variationen zu türkischen Motiven

VOLKSLIED AUS NIĞDE

Çaya indim, çay susuz
Mahmur gözler uykusuz
Bayginim ben gelemem
*Yorgunum ben yatamam**

Durstig im trockenen Bachbett
Suche ich Worte
Müde die Augen vom Weinen
Suche ich Ruhe
Mich hat ein Jäger getroffen
Kann nicht mehr fliehen,
Liebe, die tödliche Wunde
Lässt mich verstummen

*wörtlich: Ich bin zum Bach hinuntergestiegen, er war trocken
Die schläfrigen Augen sind schlaflos
Ich bin erschöpft, kann nicht kommen
Ich bin müde, kann mich nicht hinlegen.

IN DEN WEINBERGEN VON NIĞDE

Gine yeşillendi aman aman
Niğde bağları, aslanım, aman aman* (Volkslied)

Wieder grünt es im Weinberg
Oweh, oweh
Ist es ein Traum ein Wahn
Oweh, oweh
Hat sich dein Brief verirrt?
Oweh, oweh
Ist denn der Weg verschneit?
Oweh, oweh
Noch als du bei mir warst
Sehnte ich mich nach dir
Oweh, oweh
Oweh, oweh

*wörtlich: Wieder grün geworden, oweh, oweh sind die
Weinberge von Niğde, mein Löwe, oweh, oweh

DIE PAPPELN VON IZMIR

Izmir'in kavakları
Dökülür yaprakları
Bize de derler çakıcı
Yakarız konakları* (Volkslied)

Was ich brauch, das nehm ich mir
Wart nicht lange auf Hartz IV!
Rückt ihr nicht mit Pinke raus
Brenn ich nieder euer Haus!
All die reichen Industrellen
Sind in Wahrheit Kriminellen.
Die gehören abgestochen
Unsereins ist Haut und Knochen

*wörtlich: Die Pappeln von Izmir
Lassen die Blätter fallen
Man nennt uns auch Messermacher
Wir fackeln die Villen ab.

VORURTEIL UND TABU

*Üsküdar'a gideriken
aldı da bir yağmur** (bekanntes Lied)

Immer wenn ich mit der Fähre
Über den Bosporus
Fängt es doch zu regnen an
Als wäre das ein Muss
Istanbul und sein Schlechtwetter
(ist ein Dauerthema)
Istanbul und sein Schlechtwetter
Ist einfach kein Genuss

Mein geliebter Türke Ali
Wohnt in Üsküdar
Täglich raucht er Wasserpfeife
Reitet auf dem Dromedar
Als wir uns das erste Mal sahen
Wars in einer Bar
Als wir uns das erste Mal küssten
Wars in einer Schwulenbar.

**wörtlich: Als ich nach Üsküdar übersetzte
Fing es zu regnen an*

IN MÜNCHEN

> *Istanbul'u dinliyorum*
> *Gözlerim kapalı* * (Orhan Veli Kanık)

Mit geschlossenen Augen
Höre ich Istanbul
Am Kleinhesseloher See
Kreischen die Möwen
Über dem Bosporus
Die Fernlaster tuten
Vom Mittleren Ring
Wie Bosporus-Fähren
Mit geschlossenen Augen
Rieche ich Istanbul
Abgase und Popkorn
Und das Möwengekreisch
Beim Seehaus
Höre ich München
Mit geschlossenen Augen

*wörtlich: Ich höre Istanbul
Mit geschlossenen Augen

DER WEG

Ince uzun bir yoldayım
Yürüyorum gündüz gece* (Aşık Veysel)

Der Pfad ist schmal, die Straße lang
Ich wandere Tag und Nacht
Woher wohin das weiß ich nicht
Und wandere Tag und Nacht
Die Zehen wund vom Stolperschritt
Ich wandere Tag und Nacht
Der Abgrund ist des Weges Ziel
Ich wandere Tag und Nacht
Muss wohl noch endlos weiter ziehn
Muss wandern Tag und Nacht
Warum will niemand mit mir gehn
Bei Tag und auch bei Nacht
Im Staub die Blume gelb ein Trost
Dem Wanderer Tag und Nacht
Ich bin mir selber unbekannt
Drum wander ich Tag und Nacht
Die Sehnsucht treibt mich fort und fort
Ich wandere Tag und Nacht
Der ewige Abgrund ist das Ziel
Bei Tag und auch bei Nacht

**wörtlich: Auf einem schmalen, langen Weg*
Wandere ich bei Tag und Nacht

WIDMUNGEN

DIE KNOCHENHAND

Die Knochenhand
Greift ans Herz
Beim Tanztee
Wenn sie ihr schönstes
Kleid anzieht
Die kleine Übelkeit
Ach vorüber
Wie ein Flirt mit dem Gärtner
Aus Nachbars Garten
Am Ende kriegen sie sich
»Er wird gewiss«
Der Tod
Und das alte Mädchen
Vielleicht will sie auch

für Zehra Çırak, Das Mädchen und der Tod

ISTANBUL

Nach Istanbul
Ist nicht mehr weit
Für schnelle Vögel die
Auf Bosporusdampfern landen
Nach Brocken schnappen
Simit, der Kringel/der Rettungsring
Auf Sehnsuchtswassern
»Drehe ich mich im Kreise
Und suche Istanbul«

für Zehra Çırak

ÜBER SETZEN

Übersetzen
Im schwankenden Schiff
Meereswiege
Setzt mich über
Auf deine Insel
Ich übersetze
Den Himmel die Wolken
Die Möwen das Meer

für Pelin Özer

HAIKU – MANIE

1.
Pferde unter Vollmond
Mit Getöse
Stoßen sie Mülltonnen um

2.
Same vom Himmel gefallen
Auf unsere Erde
Weltallblume

3.
Das Leben – ein Schmetterling
Auf deinen Lippen
Schon fortgeflogen

hayat – bir kelebek
dudaklarında
anında uçtu – bak

für Pelin Özer

VENEDIG

Die Sterbende besuchen
Dringend noch ehe
Todestourismus
Gedränge auf Brücken Barken
Schaudernde Lust mit weißen
Masken Trauergondeln
Schwankende Wasser
An modernden Bohlen bemooster Besatz
Schwer zieht der Atem
Faulender Zähne Pestgestank
Von Orangenblüten ein Hauch
Auf blassen Fassaden Schimmel
Wir fliehen über die Alpen
Da wartet ein neuer Tod

für Gabriele

ZU MARIA LASSNIG

MIT DEM STUNDENGLAS

Der Mund nun offen
Sie hat noch Zähne
Staunend aha
Das Leben verronnen
Wie Sand im Stundenglas
Der Tod bemalt
Leichenfarben
Gelb grün rot
Die Brüste Arme Schultern
Den kahlen Kopf
Mit offenem Mund

MEHLSPEISENMADONNA 1

Der hängende Milchbusen
Gelb blau Bauchspeck
Rosige Schenkel nackt
Das doppelte Dreieck
Peinlich
Was Mehlspeisen anrichten
Kommt nur herbei
Die Alte lädt ein
Peinlich
Ihr nicht

MEHLSPEISENMADONNA 2

O du himmlische
Süße nährende
Tortenmadonna
Liebreiche seligmachende
Mutter und Herrscherin
Labe gewähre
Kuchen und Kipfel
Sahne und Zuckerguss
Allezeit Trösterin
Breite den blauen Mantel
Die Arme und hilf
Uns süchtigen
Sündern

LANDMÄDCHEN

Unerhört
Unverschämt
Sie wagt es
Tut es
Entschlossen
(Mund zu, Augen auf)
Ihr rotes Ding
Motorradding
Zwischen den Beinen
Kraftvoll nackt
Entschlossen
Zu Ernst und Spaß

ÜBERQUEREN – ÜBERSTEIGEN

AM NACHMITTAG

Am Nachmittag
Türmen sich Wolken
Zu Angstgebirgen

Am Nachmittag lauern
Bekiffte Bestatter
Am Hang

Am Nachmittag schmerzen
Die Füße der Kopf
Wundgelaufen

Am Nachmittag
Kehren wir willig
Zurück in den Käfig

FREMDE SPRACHE

1.
vielfraß ging straß hinab
lila taxi nach dingsda
riga asia wahnsinn
phantasie niemals irranstalt
intakt ist nackt
kienzapf macht nachtlicht
bienwachs bissmal
sisal bis da infarkt packt
wie stark die basis pisackt
infam firma hinwankt

2.
wehmut demut huf und blut
kurven busen runde wunder
tunnel tut husten super
lunge entwurf lesend
sehnsucht sendet muster
erde sucht Jesus
wendung seeweg du
hunger zunge
junge putzt kufen
stunde funk meldung genug

3.
dies viris flitzt
in die glieder dir
knie hier nieren
beschissene symptime
immer die birne mit hitze
viel gift inzwischen
liebe nitzt nix
sicher wirkt bidixin
siebensiebzig pillen

4.
Hoşgeldiniz, buyurun!
Was?
İyi misiniz?
Do you speak English?
Ama ingiliz değilsin.
Ich verstehe nichts.
O, you are from Germany!

GÜL VE BÜLBÜL

Gül ve bülbül
Rose und Nachtigall
Bülbül liebt *Gül*
Reimumschlungen
Im fremden Garten
Kitschalarm

SIE HEISST LALE

Sie heißt *Lale*
Wie *lale* Tulpe
Einst Sultansblume
Die teuerste Zwiebel der Welt
Auch Mordmotiv

WO WAR DAS?

Der Regen brach
Zerfetzte Blüten
Schlüsselbund gefunden
In der Hecke
Nasse Unterwäsche

Taumelnd torkelnd
Gierig auf begrenzte
Lust Eintagsfliegen
Falter wir
Nur heute Leben Tod

Noch ein grauer Tag
Enttäuschte Rosen
Hängen schwer
Nach Schauern
Knospen ohne Duft

MITTELMEERSTRAND

Das Meer ist weit
Im Westen
Ein schönes Abendrot
Auf dem Wasser
Brennende Boote
Das Meer ist tief
Im Westen
Klammern sich kämpfen
Verzweifelt um eine Planke
Das Meer ist kalt
Ein Grab
Weit im Westen
Ein schönes Abendrot

ALS ICH ...

Als ich ein Lamm war
ja ein weißes Lamm
auf grüner Weide
blutig geschlachtet

Als ich die Braut war
ja die weiße Braut
vor dem Altar
blutig geschlachtet
war ich so glücklich
so blutig
geschlachtet

FREMDER FLUSS ISAR 1

Sie ist keine Mörderin
Auch wenn Obdachlosenhemden
Warnen im Ufergestrüpp
Und ein Korbstuhl
In den Weiden hängt

Nackte lungern auf Steinen
Der Barfüßige flüchtet
Im Eiszeitsand
Ich träume von einer blauen Brücke
Die flussab nie kommt

FREMDER FLUSS ISAR 2

Steilufer stürzend
Zum schlammgrünen
Hochwasserorchester
Scrosciando
Regenschwer Flieder
In Blütendolden
Flötenpärchen flattern davon
Während der Grundton Fagott
Buchenstämme
Elefantengrau
Steinerne Brückenbögen
Beschwört

ALPENÜBERQUERUNG

1.
Aufgebrochen im Regen
Der Felshang der
Steinschleifende Fluss
Lehmgelb tödliche
Wasserwalze

Aufgebrochen blau
Im Geröll Sternblumen
Gläserne Tropfen vom Fichtenast
Ein trillernder Vogelruf
Aufgebrochen

2.
Hinauf hinauf
Im Ameisenschritt
Ein Jahrhundertprojekt
Düstre Wolke im Blick
Nie mehr abwärts mit Knien

3.
Überqueren übersteigen
Quälen die Qual
Steine stemmen steil
Will Wille muss
Gipfelkreuz im Kreuz der Schmerz

4.
Riss rissig Haut
Reißen Reiz Ehrgeiz
Die Höhen höhö hoho
Rutschen ausrutschen
Hinüber hinunter
Adler fliegen

INHALT

5
VORWORT

7
Augusta Laar
SARDISCHES TAGEBUCH
Ein Sommer

39
Katharina Ponnier
DAS AUGE GENAU VERLOREN
Innenblicke blau

75
Alma Larsen
AUSFLUG MIT EINHORN
Ein Tag auf der Isola Bella

107
Barbara Yurtdaş
IN DEN WEINBERGEN VON NİĞDE
Variationen zu türkischen Motiven

144
DIE AUTORINNEN

DIE AUTORINNEN

Augusta Laar

Geboren 1955 in Eggenfelden. Lebt in München und Wien als Künstlerin, Autorin und Musikerin. Studierte Musik in München (LMU, Richard-Strauss-Konservatorium). Freie Lehrtätigkeit in den Bereichen Klavierpädagogik, Lyrik, Wahrnehmung und Klang. Internationale Ausstellungen und Projekte. Fachbeirätin der GEDOK München Bereich BK. Leiterin der Lyrikreihe »Schamrock-Salon der Dichterinnen« in München seit 2009. Initiatorin der Diskussionsreihe Poetry-Talk in München, Wien und Luzern. Leiterin des Schamrock-Festivals der Dichterinnen 2012 und 2014 in München und Wien. Leiterin des Schamrock-Filmfestivals female presence in München 2014. Electro-acoustic Poetry Duo Kunst oder Unfall mit Kalle Aldis Laar. Zahlreiche Veröffentlichungen in Anthologien, Zeitschriften und im Rundfunk. Preise für elektroakustische Poesie und Fotografie. Atelierförderung der Stadt München.
Publikationen: »hingerissen in eurer Mitte« Anthologie des 1. Schamrock-Festivals 2012, München 2013; »99 love poems«, Gedichte und Bleistiftskizzen, München 2012; »if you write a poem for me«, Ausstellungskatalog, München 2010; »weniger stimmen«, Gedichte, Wien 2004; Fanzines und CDs Kunst oder Unfall I–IV.
www.schamrock.org, www.poeticarts.de,
www.kunstoderunfall.de

Katharina Ponnier

Geboren 1944 bei Stuttgart. Ausbildung als Schauspielerin in Berlin, drei Jahre Bühnentätigkeit. Anschließend Studium der Literaturwissenschaft, Theaterwissenschaft und Soziologie in München. Promotion. Autorin für den Süddeutschen Rundfunk. Seit 1978 konzipiert Katharina Ponnier Lesungen, oft gemeinsam mit Musikern und Malern, u.a. in München für das Lyrik Kabinett, die Seidlvilla und den Gasteig sowie für private und öffentliche Galerien. Ihre Texte wurden im Zusammenhang mit dem Thema »Künstlerbuch« an vielen Orten ausgestellt, z.B. in der Bayerischen Staatsbibliothek (»Papiergesänge«) und in Sammlungen aufgenommen (Schiller-Nationalbibliothek, Marbach, Württembergische Landesbibliothek, Stuttgart, Modern Art Museum, New York). Mitwirkung bei der Herausgabe der GEDOK-Anthologien »Sommertage«, München 2005, und »verwünscht – verwunschen«, München 2009. Gemeinsam mit Alma Larsen Regie bei der interdisziplinären Lyrikperformance »uns auf schwingen« (Schwere Reiter).
Zuletzt veröffentlicht:
»Pilgerreise«, Prosa, München 2003, mit Offsetlithografien von Franz Hitzler; »Geisterhafte Begegnungen«, Kurzprosa, Wolfratshausen 2009; »Alma. Die siebte Quelle«, poetisch-psychologischer Roman, Regensburg 2011.

Alma Larsen

Geboren 1945 in Kyritz, lebt seit 1967 in München. Studium der Politikwissenschaften, Diplom. Fotografische Arbeiten, seit 1980 freischaffende Autorin. Veröffentlichungen von Lyrik, Kurzprosa und Essays; Literarische Performances mit KünstlerInnen verschiedener Sparten. 1989 Stipendium Münchner Literaturjahr. 2000 Stipendium Freistaat Burgstein. 2003 Hohenzollern-PoesiePreis des Lyrik Kabinetts München.
Eigene Veranstaltungsreihen:
Texte & Töne, Gedok Literatur und Musik, 1998–2002; Café Sätze, literarische Gespräche in der Seidlvilla, 1999/2000 und 2003–2006. 2010 »uns auf schwingen«, Gedok, Konzept und Organisation mit Katharina Ponnier, 2012 »Schamrock Festival der Dichterinnen«, Mitveranstalterin, Mitherausgeberin von »hingerissen in eurer Mitte« Anthologie des 1. Schamrock-Festivals 2012, München 2013.
Seit 2000 erschienen u.a.:
»Kunst am Bein«, Gedichte mit Zeichnungen von Samuel Rachl, München 2000, »Doppel Stier Gymnastik hach!«, poetische Diagonale, München 2002. »fliegt auf rot«, 2003 und »welle vorwärts«, Gedichte, 2006. »im Nacken ein Luftzug«, Gedichtzyklen, Regensburg 2012.
www.alma-larsen.de

Barbara Yurtdaş

Geboren 1937, lebt in München. Studium der Germanistik, Slawistik und Geschichte. Gymnasiallehrerin, Autorin, Übersetzerin. Von 1981–1993 in der Türkei. Mehrere Romane und Erzählungen über deutsch-türkische Beziehungen, u.a.: »Wo mein Mann zu Hause ist«, Reinbek 1983; »Wo auch ich zu Hause bin«, München 1994; literarische Reisebegleiter: »Istanbul, ein Reisebegleiter«, Frankfurt a.M. 2004; »Türkei. Ein Reisebegleiter«, Frankfurt a.M. 2008.
Übersetzungen aus dem Türkischen, u.a.: Mario Levi »Istanbul war ein Märchen«, Roman, Frankfurt a.M. 2008; »Wo wart ihr, als die Finsternis hereinbrach«, Roman, Berlin 2011; Sema Kaygusuz »Wein und Gold«, Roman, Frankfurt a.M. 2008; Nedim Gürsel »Allahs Töchter«, Roman, Berlin 2012 (auf der Shortlist Internationaler Übersetzerpreis, Haus der Kulturen der Welt 2012); Mitarbeit am »Lexikon des Dialogs. Grundbegriffe aus Christentum und Islam«, Freiburg 2013.
Lyrik, u.a.:
»Im Bachbett des Schmerzes«, München 2002; »Wortklauberei«, Regensburg 2012; Beiträge für diverse Anthologien. Übersetzungen in zweisprachigen Ausgaben: mit Angela Kreuz »train rides and tides – Ebbe, Flut und zurück«, englisch-deutsch, Regensburg 2011; mit Pelin Özer »Uzay Çiçeği – Weltallblume«, türkisch-deutsch, Regensburg 2014.

Die Anthologie zum Schamrock-Festival der Dichterinnen

Augusta Laar, Alma Larsen, S. I. Struck (Hg.)
hingerissen in eurer mitte
Schamrock-Festival der Dichterinnen 2012
160 S., € 14.90, ISBN 978-3-86906-539-7

Im Herbst 2012 trafen sich auf dem ersten internationalen Schamrock-Festival der Dichterinnen 46 deutschsprachige Lyrikerinnen aus Deutschland, Österreich, der Schweiz, Südtirol, Finnland und den USA – unter ihnen Marlene Streeruwitz, Ilma Rakusa, Ruth Klüger, Dorothea Grünzweig, Swantje Lichtenstein, Martina Hefter, Lydia Daher und Tanja Dückers – zu einem großen generationen- und grenzüberschreitenden Lesefest in München. Die vorliegende Anthologie umfasst poetische Texte der Festivalautorinnen und ist eine einzigartige Momentaufnahme deutschsprachiger Lyrik der Gegenwart.